ÉTUDE HISTORIQUE

SUR LES

PRINCIPES DE 1789

EN MATIÈRE DE PROCÉDURE CRIMINELLE

PAR

M. P.-A.-F. MALAPERT

AVOCAT, DOCTEUR EN DROIT

———

PARIS

IMPRIMERIE RENOU ET MAULDE

RUE DE RIVOLI, 144

—

1865

ÉTUDE HISTORIQUE

SUR LES

PRINCIPES DE 1789

EN MATIÈRE DE PROCÉDURE CRIMINELLE

Paris — Typographie et lithographie RENOU ET MAULDE,
rue dé Rivoli, 144.

ÉTUDE HISTORIQUE

SUR LES

PRINCIPES DE 1789

EN MATIÈRE DE PROCÉDURE CRIMINELLE

PAR

M. P.-A.-F. MALAPERT

AVOCAT, DOCTEUR EN DROIT

———

PARIS

IMPRIMERIE RENOU ET MAULDE

RUE DE RIVOLI, 144

1865

Ce travail a été publié dans le Courrier
Français. Nous avons cru utile de réunir nos
différents articles en brochure ; il est des vérités
qu'on ne saurait trop répéter.

PRÉFACE

Il est de mode de tourner en ridicule ce que nous appelons les principes de 1780. Le public, qui ne connaît plus les institutions du temps passé, se fatigue d'entendre sans cesse parler d'une époque éloignée de plus de soixante-dix ans. Les pères ne sont plus capables, faute de les avoir vues, de raconter à leurs enfants les énormités contre lesquelles les rénovateurs eurent à lutter ; c'est pourquoi nous voudrions que, de temps à autre, on mît les pièces du procès sous les yeux de ceux qui veulent les oublier ou les fausser. Nous avons pris pour spécimen une matière étrangère à toutes les préoccupations politiques, et dont l'importance ne saurait être niée.

Si nous avions commencé cet exposé en racontant d'abord ce qui se faisait en 1789, juste au moment de la réforme, ç'aurait été peut-être par trop étonner le lecteur. En effet, les idées modernes sont tellement assises dans nos esprits que nous avons peine à concevoir qu'elles n'aient pas toujours été acceptées. Nous avons donc fait un résumé historique de la matière, sans entrer dans des détails, sans rien omettre d'important.

L'accusation sans cesse répétée contre la Révolution qu'elle a tout détruit et n'a rien fondé, est un propos facile à redire; la vérité est que l'Assemblée constituante a renversé des abus et mis de bonnes choses à la place des mauvaises. Elle a supprimé la vénalité des charges et l'a remplacée par l'élection. Les gouvernements postérieurs ont adopté un autre mode de recrutement; heureusement, ils n'ont pas rétabli la vénalité. Les justices seigneuriales, les priviléges ont été détruits, les tribunaux ont acquis la plénitude de juridiction, sans qu'il soit possible aux grands d'éviter le niveau inflexible de la justice. Ainsi des autres institutions. Entrer dans les développements que comporterait un parallèle entre le présent et le passé serait sortir du cadre de notre étude, que nous restreignons, nous le répétons, à ce qui tient à l'instruction criminelle, sans vouloir aller au delà.

Les peuples anciens ne distinguaient pas la procédure civile de la procédure suivie en matière criminelle. La partie lésée avait seule qualité pour accuser; le prévenu se défendait, et les conséquences de son méfait étaient fixées par les lois qui portaient une peine accessoire aux réparations civiles.

Ainsi, le demandeur prenait le rôle d'accusateur et demandait au magistrat de prononcer sur ses intérêts civils, en même temps qu'il sollicitait l'application de la peine encourue par le coupable. L'action n'avait pas de formes spéciales particulières. On ne faisait pas d'instruction préalable sur laquelle concluait un délégué de l'autorité, appelé de nos jours d'un terme général, le ministère public. Les accusés plaidaient leurs causes ou les faisaient plaider. Quand ils venaient devant leurs juges, ils y étaient accompagnés par leurs amis et leurs parents. Tous avaient des costumes de deuil et se prosternaient ensemble aux pieds du tribunal pendant que leur avocat faisait sa harangue. Cela se passait avec la plus grande publicité, la foule assistait aux audiences et se passionnait dans l'un ou l'autre sens.

Mais ces règles de procédure, suivies en temps ordinaire, étaient suspendues dans certaines circonstances spéciales. Elles disparaissaient lorsque la Constitution était ou semblait menacée. Par exemple, si Manlius paraissait désirer la tyrannie, si les Gracques faisaient des réformes, les magistrats tuaient sans remords et sans formalité de justice les ennemis du gouvernement. Il suffisait, pour qu'il fût loisible de se passer de toute règle, qu'un acte de l'autorité, qu'un sénatus-consulte chargeât les consuls de ne souffrir aucun dommage à la république : *Ne quid reipublicæ detrimenti fieret*. Le consul, ou même une autre personne, comme Scipion Nasica, cousin germain et meurtrier des Gracques, courait sus aux gens suspects et les massacrait. Ce procédé barbare était excusé par l'urgence déclarée; il n'était goûté de personne. Il avait même de grands périls : Cicéron, qui avait ainsi fait tuer les complices de Catilina, fut plus tard exilé, puis mis à mort par Antoine, en souvenir de ses abus de pouvoir. Les mesures extrêmes sont des calamités que l'histoire enregistre avec douleur; toutes les Catilinaires n'en diminuent pas l'odieux. Cependant la nécessité d'une défense immédiate peut excuser certaines violences; elles sont le cercle tracé autour de l'incendie. Les maisons voisines du foyer sont abattues pour arrêter le progrès des flammes.

La procédure suivie pour le jugement des crimes poursuivis par les parties lésées se nommait *ordinaire*, parce qu'elle devait être employée généralement. Le jugement rendu par un magistrat qui sévissait en réprimant une faction était dit *extraordinaire*, parce qu'il sortait des voies habituelles. Sous les empereurs romains, les consuls, proconsuls, préteurs ou propréteurs furent autorisés à juger extraordinairement et sans formalités de procédure les accusés de crimes atroces. Ce droit leur fut concédé d'abord contre les individus pris en flagrant délit. Il fut plus tard étendu à toutes les accusations. La rapidité de ces jugements fut très-appréciée des fonctionnaires qui les rendaient. Leurs flatteurs (et il n'en manquait pas plus en ce temps qu'aujourd'hui) louaient ces procédés expéditifs, qui étouffaient sans bruit les procès scandaleux et faisaient disparaître le souvenir de crimes affreux. On ne disait pas que souvent, très-souvent, les innocents payaient ainsi pour les coupables.

On trouva que si le secret était agréable pour le juge, il devait l'être pour l'accusé. Mais celui-ci essayait d'éviter le supplice en niant sa culpabilité. Le magistrat trouva cette résistance déplacée, il livra le prévenu à ses bourreaux et le fit torturer afin d'en obtenir un aveu. Après cette confession, la conscience du juge était en repos, le prétendu coupable était roué, écartelé, décapité, pendu, brûlé, selon le cas. Tel était l'état de la procédure criminelle sous les empereurs, tel il était en 1789.

PROCÉDURE CRIMINELLE A ATHÈNES

Les historiens prétendent que l'Aréopage était à Athènes chargé de juger les assassinats. Peut-être faut-il penser que ce tribunal connaissait des outrages contre la religion. On cite à l'appui de la première opinion le jugement d'Oreste, assassin de sa mère; l'on rappelle que l'Aréopage connaissait de l'accusation portée contre le mari meurtrier de son épouse infidèle. Mais on peut soutenir que la compétence de ce tribunal tenait à ce que les magistrats avaient dans ces causes à apprécier la violation de la majesté des dieux du foyer domestique. Alcibiade, accusé de sacriléges, avait été déféré à l'Aréopage; c'est ce tribunal, qui condamna Socrate à s'empoisonner avec la ciguë.

L'accusateur, qui voulait saisir l'Aréopage de la connaissance d'un crime, faisait sa dénonciation à l'archonte-roi, qui convoquait ce tribunal dont il était membre et où il siégeait ayant sa couronne à ses pieds. L'audience se tenait la nuit, sur la colline de Mars. Une faible barrière, une simple corde séparait le public du tribunal; car rien n'était secret. Les juges, en nombre variable (mais jamais plus de 51), siégeaient dans un hémicycle sur des siéges de marbre. L'accusateur et l'accusé étaient assis sur des escabeaux d'argent dont l'un se nommait l'outrage et l'autre l'impudence. Une première comparution fixait le point en litige ; une seconde était ensuite indiquée pour le jugement. Les plaideurs se faisaient accompagner à cette seconde audience par une foule de leurs amis, de leurs parents, de leurs témoins : c'était tout un cortége. L'accusateur, l'accusé, les témoins, commençaient par prêter serment de la vérité de leurs dires ; ils juraient sur les entrailles d'un bouc, d'un bélier, d'un taureau ; alors l'in-

struction commençait. L'accusateur ou son
avocat faisait mesurer l'eau qui devait s'é-
couler de la clepsydre pendant le temps em-
ployé à l'accusation ; puis il prenait la parole
et produisait ses témoins à mesure que le
moment était venu. Ceux-ci étaient munis
de leurs dépositions écrites. Parfois l'avocat
se contentait de les lire. S'il craignait une
discussion sur la valeur d'un témoignage, il
offrait de faire subir la torture au témoin, ce
que l'accusé s'empressait d'accepter, dans
l'espoir d'une rétractation ou de contra-
dictions dans les réponses. Le défendeur,
après avoir fait mesurer l'eau qui devait
s'écouler durant sa plaidoirie, en quantité
égale à celle demandée par son adversaire,
présentait lui-même ou faisait présenter sa
défense par un avocat qui, à son tour, faisait
intervenir les témoignages comme le demandeur au moment opportun, en les confir-
mant de la même manière.

Les discours des deux parties devaient
être exempts de ces lieux communs appelés
exorde ou péroraison, dans lesquels les ora-

teurs avaient et ont coutume de chercher à émouvoir leur auditoire. Toute parole, en ce sens, était interrompue par le crieur public. Si l'on ne finissait pas avant le lever du soleil, le procès était continué à une autre audience. Puis, quand toutes les plaidoiries étaient terminées, ce qui était marqué par ce mot *j'ai dit*, le crieur annonçait que les débats étaient clos, et il invitait les juges à aller aux voix. Il se munissait de deux urnes et recueillait les votes. Dans l'une se mettaient les déclarations favorables, dans l'autre celles qui condamnaient.

L'accusateur devait obtenir un certain nombre de voix, sous peine d'être puni comme calomniateur.

L'accusé était absous à égalité de suffrages, à plus forte raison s'ils étaient en majorité pour lui.

Quand il y avait condamnation, les magistrats s'emparaient du coupable et faisaient exécuter la sentence.

Athènes avait d'autres tribunaux pour les autres accusations. Si les prévenus étaient renvoyés devant les Ephètes ou devant les Héliastes, la procédure était la même. Elle se résume en deux points : publicité des débats, liberté de la défense.

Athènes garda ces usages jusqu'au temps où, soumise au joug des proconsuls, elle eut à subir les lois de l'empire romain.

ROME

LES ROIS. — LA RÉPUBLIQUE

La procédure criminelle suivie sous les rois de Rome ne nous est pas connue. On suppose que les rois ont jugé eux-mêmes les procès criminels : c'est ainsi que Tullus Hostilius paraît avoir statué sur le sort de Mettus Suffetius, le général albain qui avait voulu trahir dans la guerre contre les Véiens. Mais si l'on en croit un autre passage des historiens, Tarquin aurait encouru la haine du peuple pour avoir jugé lui seul et sans l'assistance d'un conseil. On suppose que ce conseil était le Sénat. Cependant le jeune

Horace fut renvoyé à des Duumvirs, chargés de statuer sur lui à l'occasion du meurtre de sa sœur. Ces renseignements, vagues et contradictoires, ne peuvent être comptés par l'historien comme des documents utiles. .

Lorsque la république eut remplacé la royauté, les consuls devinrent les juges ordinaires. Néanmoins on ne voit pas dans les textes que cette juridiction ait été déterminée. Il semblerait au contraire que le seul pouvoir des consuls était de forcer les accusés à se présenter, et pour cela de les arrêter.

Le peuple entier fut investi, presqu'au début du gouvernement républicain, du droit de juger les causes capitales portées contre les citoyens. Tel fut l'effet des lois de Valérius Publicola. Lorsque le peuple devait juger, l'accusateur et l'accusé étaient successivement entendus ; chacun d'eux présentait ses témoins. Il paraîtrait, d'après le récit de Tite-Live, résulter du jugement rendu contre un collecteur d'impôts appelé Posthumius, que les témoins étaient entendus après les plaidoiries. Mais tout notre savoir se borne à quelques conjectures plus ou moins hasardées.

Le Sénat ne jugeait pas les citoyens, mais il statuait sur les crimes imputés aux alliés, ou s'il ne jugeait pas directement, il déléguait la connaissance de l'affaire à un consul ou à un préteur.

L'augmentation du territoire, celui de la population faisaient que le jugement par l'assemblée du peuple était impossible pour suffire à l'expédition des procès criminels. Les lois pourvurent aux besoins nouveaux, en chargeant des magistrats de juger les accusés. Les juges ordinaires furent les préteurs, assistés de jurés. — Mais il y avait trop d'accusés à juger pour que l'audience ne fût pas encombrée. Alors le sénat choisit des magistrats auxquels il enjoignit de juger certains crimes déterminés, sans que le *quæstor* eût le droit de prétendre juger les crimes semblables dont la connaissance appartenait à l'assemblée du peuple. Plus tard, la délégation autorisa celui qui l'avait reçue à juger tous les accusés du même genre de crime. Cette attribution fut désignée sous le nom de *Quæstiones perpetuæ*. La première *question* perpétuelle, c'est-à-dire déléguée pour juger une sorte de crimes et non un fait particulier, eut pour but de punir les concussionnaires. On y ajouta bientôt d'autres crimes politiques. On pense généralement que cette juridiction fut établie en l'an 604 de Rome. Les *quæsitores*, c'est-à-dire les rechercheurs de crimes, étaient les plus hauts fonctionnaires de l'Etat. C'était un consul ou préteur, en un mot, un magistrat armé de la puissance, appelée en latin *imperium*. Mais que la procédure fût suivie devant un délégué spécial ou devant un magistrat ordinaire, elle était toujours la même. L'accusateur se présentait d'abord devant le tribunal, exposait sa plainte et demandait au magistrat de l'autoriser à agir. Celui-ci vérifiait si le délit était de sa compétence ; s'il le pensait, il permettait de citer l'accusé ; en un mot, il accordait l'action que sollicitait le demandeur.

Le magistrat directeur de ces procès pouvait être remplacé par un autre magistrat, peut-être par son prédécesseur. Cette faculté d'avoir un remplaçant a fait parfois désigner le magistrat par le nom de *judex quæstionis*, ce qui a causé un certain embarras aux jurisconsultes. Mais quel que fût le président, des jurés étaient appelés à statuer, et c'est après leur verdict qu'il appliquait la peine. La condition des jurés a été une cause de discorde entre les différents ordres de citoyens. Si l'aristocratie triomphait, on prenait des sénateurs. Caïus Gracchus obtint que l'on choisirait des chevaliers. Puis on composa des listes sans tenir compte de ces qualités primitivement exigées. On choisit les jurés parmi les citoyens âgés de trente ans, ayant une certaine connaissance des affaires et un revenu déterminé. Ces jurés siégeaient auprès du magistrat. Ils étaient présents quand l'action était délivrée à l'accusateur. Leur présence n'était exigée qu'alors; leur compétence ne commençait qu'au jour des débats. Au cas où plusieurs dénonciateurs se présentaient, le magis-

trat choisissait celui qu'il trouvait assurer le plus de garanties. Ceci fait, et l'action donnée, l'accusateur prêtait serment de
persévérer dans la poursuite jusqu'au jugement. Ensuite on lui donnait jour à comparaître avec l'accusé.

Cette procédure était jusque-là suivie en
l'absence du défendeur. Le moment de donner l'assignation était venu ; nous n'avons
sur ce point d'autres textes que ceux du
droit civil ordinaire. Il y a ici des documents
assez obscurs. En effet, il résulte de certains
passages des anciens auteurs que nul ne
pouvait être valablement cité, à moins que
ce fût par une interpellation directe. D'un
autre côté, le domicile des citoyens était in-
violable ; d'où il suit que l'accusé pouvait
éviter la sommation de comparaître, et en ce
cas il échappait à la poursuite.

L'accusateur était chargé d'assigner le prévenu ; il n'y avait pas, sous la république, de
fonctionnaire préposé à la délivrance des
ajournements. Le demandeur sommait le
défendeur de le suivre. En cas de refus, il

prenait son adversaire par le cou et l'entraînait. La lutte n'était pas toujours avantageuse à l'accusateur, qui, se voyant repoussé, courait toucher l'oreille des personnes présentes et leur déclarait qu'il les prenait à témoin.

Les deux parties étant arrivées devant le tribunal, juraient : l'accusateur, qu'il avait raison; l'accusé, qu'il était innocent. Le magistrat leur indiquait une audience pour déterminer quels seraient les jurés du jugement. Ces jurés étaient choisis par l'accusateur sur la liste générale du jury. L'accusé pouvait récuser tous ceux qu'il trouvait suspects, jusqu'à ce qu'il ne restât plus que le nombre voulu pour prononcer. Quand le jury avait été formé, un nouveau délai était accordé à l'accusé pour préparer sa défense.

Les parties devaient fournir caution de se représenter; si le défendeur n'avait pas de répondants, il était appréhendé et remis à son adversaire; plus tard, il était arrêté et jeté dans les prisons publiques. Mais tous les citoyens étaient assurés d'obtenir leur liberté provisoire, quand ils pouvaient présenter des garants. La caution était proportionnée à la fortune de chacun, et réduite à la simple foi d'un prolétaire quand l'accusé n'avait pas de ressources. De son côté, l'accusateur fournissait caution de se représenter et de soutenir son action. S'il n'avait pas de répondants, il offrait de se mettre en prison, sous la condition que l'accusé serait aussi détenu. Lorsque le cautionnement devait être fourni en argent, des discussions s'engageaient sur le chiffre de la somme; nous avons des exemples de l'intervention du sénat pour le montant du dépôt. Le magistrat avait probablement dans ses attributions le droit de statuer sur ces difficultés. Le nombre des garants fut parfois réglé par les lois; on a des textes qui le portent à dix de chaque côté. La balance, au surplus, paraît avoir été tenue exacte entre les deux parties. C'est probablement à la fin de la république que fut introduit l'usage d'arrêter, en général, préventivement l'accusateur et l'accusé, rigueur qui dut être employée quand ils ne pouvaient

pas, l'un ou l'autre, fournir caution de se représenter.

Enfin, le jour des débats arrivait. Chaque
plaideur venait à l'audience, escorté de
tous ses amis et de tous ses parents. Le
magistrat était sur son siége, entouré de son
conseil, rangé autour de lui en demi-cercle.
Au-dessous étaient les jurés. Les plaideurs
s'approchaient, et le public était en foule
rangé derrière eux. Les soldats étaient appelés pour maintenir l'ordre. Dans le procès
de Milon, il y avait eu un déploiement de
forces considérables. Les accusés avaient
laissé croître leur barbe; ils paraissaient
dans des habits de deuil, sordides et déchi-
rés. La cause était sommairement exposée de
part et d'autre; l'avocat du demandeur produisait ses témoins. Les esclaves appelés en
témoignage étaient soumis à la torture. Ceux
de l'accusé étaient entendus dans les mêmes
formes. Les débats continuaient malgré les
incidents barbares de la question; puis venaient les plaidoiries, dans lesquelles l'élo-
quence des défenseurs produisait des chefs-

d'œuvre. L'avocat de l'accusé avait la parole le dernier. Enfin, les jurés se retiraient pour délibérer, et le magistrat rendait son jugement.

Parfois, l'une des parties refusait de comparaître. Si toutes les deux faisaient défaut, l'instance était réputée abandonnée. Si le demandeur seul ne comparaissait pas, le défendeur obtenait son renvoi et l'adjudication de la somme déposée comme caution. De plus, il pouvait faire déclarer que l'accusateur était un calomniateur et le faire punir pour avoir fait une dénonciation calomnieuse. La peine prononcée contre l'accusateur était celle qu'aurait encourue l'accusé en cas de condamnation.

Si le défendeur faisait défaut, le magistrat rendait un édit lui enjoignant de comparaître. Il est à croire que cet édit était de même rendu, lorsque l'accusé n'avait pu être trouvé et cité directement. L'ordonnance du magistrat était renouvelée trois fois à dix jours d'intervalle. La dernière, appelée édit péremptoire, disait que le défendeur serait jugé tant en son absence qu'en sa présence. Sous les empereurs, cet édit péremptoire fut parfois le seul, mais alors il portait qu'il était seul pour tous les autres : *Unum pro omnibus.* Le défaut de comparution paraît avoir terminé le procès par la perte pour l'accusé de tous ses droits dans la cité. Il était alors interdit de l'eau et du feu, mis hors la loi, et il était défendu à tous les citoyens de lui donner asile. Plus tard, on pensa que ce n'était pas assez, l'on en vint à prononcer contre le défaillant la peine encourue. Mais l'accusateur était, bien que seul présent, tenu de justifier son accusation. Le jugement rendu était définitif, comme s'il eût été contradictoire, sauf, dans le cas d'excuse légitime, le droit pour l'accusé de se faire restituer contre la décision.

PROCÉDURE CRIMINELLE

SOUS L'EMPIRE ROMAIN

Au début de ce travail, j'ai noté que les magistrats avaient souvent été chargés de réprimer les troubles et de sévir contre les suspects. Ils étaient de plus tenus de juger eux-mêmes, sans l'assistance de jurés, certains procès importants. La compétence du magistrat jugeant seul était dite extraordinaire. Elle avait commencé d'abord pour les causes civiles. Par exemple, quand il y avait lieu de réviser un procès, c'est-à-dire de remettre les choses dans l'état où elles se trouvaient avant le jugement, *restituere in integrum*, le magistrat décidait sur l'exposé du demandeur, et sans appeler le défendeur.

Sa décision était comparable à ce que nous appelons aujourd'hui des *ordonnances sur requête*. Les empereurs étendirent cette juridiction extraordinaire d'abord à quelques cas particuliers; par exemple à la connaissance des concussions commises par les collecteurs d'impôts, *publicani*. Bientôt tous les accusés de crimes graves furent tenus de subir le jugement du magistrat, décidant sans jurés; enfin, Dioclétien supprima le jury, qui disparut des lois et des usages romains, après avoir résisté quelque temps pour les plus faibles litiges.

Le magistrat fut, après cette innovation, chargé de la recherche des crimes, de celle des malfaiteurs, de l'arrestation des accusés, du jugement et de l'exécution. Ces fonctions étaient confiées à de grands dignitaires. Elles étaient exercées à Rome par le préfet de la ville ou le préfet des gardes, *præfectus urbis, præfectus vigilum;* dans les provinces, par le gouverneur appelé recteur ou président. Les gouverneurs se croyaient trop haut placés pour aller eux-mêmes siéger et écou-

ter les dépositions des témoins; ils délé-
guaient ce soin à leurs lieutenants, *legati*.
Ceux-ci suivaient la procédure, la termi-
naient et faisaient parvenir le dossier au magistrat capable de juger. Mais nous allons
donner dans quelques explications.

La recherche des méfaits était autorisée,
on la nommait *quæstio* ou *inquisitio*. Ces deux
mots s'appliquaient à la fois à la recherche
des crimes et de leurs auteurs et à la procédure qui rassemblait les preuves pour les
transmettre au magistrat. Les préposés à la
recherche des criminels étaient nommés *cu-
riosi*, les curieux, *stationnarii*, les chefs de
poste, *irenarchæ*, les officiers de paix. Ils
avaient encore d'autres désignations. Leurs
fonctions étaient de dénoncer les criminels
et de les faire arrêter; de plus, ils faisaient
une enquête sur les lieux pour la transmettre
avec les criminels au magistrat compétent.
On n'exigeait plus qu'un accusateur se présentât pour dénoncer un délit; les fonctionnaires que nous venons de désigner sup-
pléaient au défaut de l'accusation des inté-

ressés. Cependant la poursuite pouvait toujours être intentée au nom d'un accusateur.
Tantôt on lui demandait de donner son nom
et de s'inscrire comme poursuivant; tantôt
on l'en dispensait, car les constitutions qui
imposaient cette obligation ont été assez fré-
quentes. La peine encourue par l'accusateur qui ne prouvait pas sa demande semble
avoir été, comme au temps de la procédure
ordinaire, celle du talion, c'est-à-dire la
peine dont il menaçait l'accusé. Néanmoins,
si nous en croyons le témoignage de Libanius, les plaintes étaient faites avec une
grande légèreté, parce qu'elles ne faisaient
en général courir aucun danger à l'accusateur.

Lorsqu'un crime était dénoncé ou poursuivi d'office, les préposés à la recherche des
coupables arrêtaient l'accusé et le faisaient
détenir. Les préposés à la garde des prisonniers étaient de plusieurs catégories. Les
principaux étaient les *commentarienses*, *sta-*
tores, que nous traduisons par geôliers. Tout
détenu était enchaîné; on lui mettait parfois

des menottes ou des liens qui, prenant ses bras et ses mains, perçaient la chair et entraient jusqu'aux os. Libanius ne s'étend pas sur ce supplice, qui était usité, puisque Constantin ordonna de se servir de chaînes assez longues pour que les prévenus n'en fussent pas blessés. Les détenus étaient entassés dans des locaux insuffisants, où on les laissait croupir loin de la lumière du ciel. Une constitution ordonne de les sortir de ces cachots au premier rayon du jour. Ils mouraient faute d'air, de soins et de nourriture. On ne leur permettait que des légumes bouillis dans des chaudrons. S'ils voulaient une lampe, la nuit, ils devaient la payer en commun. Ceux qui ne pouvaient fournir leur part de la dépense étaient affreusement maltraités. Quand ils se plaignaient de n'avoir pas d'argent, ils étaient encore battus, pour n'avoir pas su intéresser à leur sort les saintes femmes qui visitaient les prisons. Une constitution ordonna aux magistrats de recevoir tous les dimanches les plaintes des prisonniers, de veiller à ce que leur nourriture fût suffisante, de faire conduire au bain ceux qui en auraient besoin. Les évêques furent char-gés de veiller à l'exécution de cette ordon-nance. Les magistrats inférieurs gardaient les détenus sans suivre leurs procès, la dé-tention préventive n'avait pas de fin ; pour obvier à cet affreux malheur, une constitu-tion décida que toute personne arrêtée serait interrogée dans le mois de son arrestation. Puis on obligea les geôliers à produire, tous les trente jours un état des détenus.

Nous avons vu que la recherche des crimes se nommait *inquisitio*, inquisition. C'était un mot commun aux diverses recherches opé-rées judiciairement par la justice. Le nom d'*enquête* appliqué aux mêmes opérations s'est conservé dans nos usages. Constantin voulait que dans la poursuite on fît une en-quête complète sur la qualité de l'accusé : *Judices oportet imprimis rei qualitatem plena inquisitione discutere* (L. 9, *Cod.*, *De judiciis*). Ce mot *inquisitio* se retrouve dans plusieurs passages du code et des *Novelles*.

Les officiers subalternes chargés des enquêtes vérifiaient d'abord la qualité de l'inculpé, la nature du délit et décidaient s'ils devaient maintenir l'arrestation. En effet, les gens en place, les riches, les gens titrés étaient exempts de la prison préventive, à moins qu'il ne s'agît de crimes atroces.

Après cette première vérification, on procédait à l'instruction sur le fait dénoncé ou poursuivi d'office. Nous savons par Libanius et les constitutions éparses dans les codes de Théodose et de Justinien que cette instruction se faisait quand il plaisait aux magistrats enquêteurs.

Les accusés affirmaient par serment qu'ils n'étaient pas coupables. Ensuite, s'ils n'étaient pas des gens de grande qualité, ils étaient soumis à la torture. Les bourreaux s'ingéniaient à inventer des souffrances qui arracheraient des aveux. On savait que ce mode de rechercher la vérité n'avait rien de certain, qu'il était trompeur parce que les forts niaient leur culpabilité malgré la douleur, tandis que les faibles avouaient malgré leur innocence. On n'en continuait pas moins à coucher ces malheureux sur le chevalet pour étendre leurs membres outre mesure, à leur déchirer la chair avec des crocs. On les accablait parfois d'une grêle de balles de plomb qu'on leur faisait tomber sur le dos. C'était une simple précaution, qui tuait souvent, mais ce n'était pas compté pami les tourments de la question, pas même quand les balles de plomb ainsi lancées tenaient aux lanières du martinet du bourreau.

Cette antiquité est infâme.

Elle fut souvent hypocrite.

On voulut dispenser les accusés de recevoir la question dans les quarante jours les plus près de Pâques; mais la prohibition ne dura pas.

Quand la prison et ses suites, le plomb et la torture n'avaient pas fait périr l'inculpé, l'instructeur faisait un rapport au président de la province. Celui-ci rendait son jugement, ordonnait l'exécution et s'endormait du sommeil le plus paisible. Les empereurs trouvèrent ce procédé détestable; ils défendirent de juger sur ces rapports, décidèrent qu'il n'en serait plus fait, mais que les enquêtes et les accusés seraient adressés au magistrat compétent pour juger. Celui-ci devait donc interroger les prévenus; le fit-il? Je n'oserais l'affirmer.

De même qu'il y a des constitutions pour réfréner la cruauté des geôliers, de même nous en trouvons sur la cruauté des magistrats. Ces dernières furent une lettre morte, dont on ne se souvenait qu'au moment de la disgrâce d'un ministre, ancien gouverneur de province. Alors on l'accusait de concussion et de barbarie; il périssait, mais on savait que le caprice du prince avait fait la sentence et les horribles pratiques judiciaires continuaient.

Les empereurs essayèrent d'empêcher le torrent des condamnations, en autorisant l'appel de la décision du magistrat. Les condamnés pouvaient recourir à l'empereur par la voie de l'appel dans les plus petites et dans les plus grandes causes. Ne croyez pas trop cependant l'affirmation de cette loi de Constantin, car lui-même va exclure les sorciers de ce bénéfice. On refusait encore l'appel aux homicides, aux adultères, aux empoisonneurs. Les crimes les plus graves, dont le châtiment ne pouvait à cette époque être moindre que la mort, étaient exécutés nonobstant le recours au prince, parce que ce recours n'était pas admis.

On établit bientôt une hiérarchie entre les tribunaux de l'empire. Les présidents des provinces jugeaient en appel les décisions des officiers municipaux ; celles des présidents étaient révisées par l'empereur d'abord, qui plus tard confia cette fonction à des magistrats appelés *magistrats sacrés*. Le préfet du prétoire et le questeur du palais furent substitués aux *magistrats sacrés;* enfin l'empereur, qui s'était réservé la connaissance de certaines affaires, cessa tout à fait de rendre la justice et confia à une commission la plus grande partie des appels qu'il jugeait autrefois.

L'appel était permis contre les jugements de tous les magistrats, excepté contre les décisions du préfet du prétoire. Cette exception avait-elle fait croire aux présidents qu'un appel était un outrage? Nous le pensons. De nombreuses constitutions émanant de Dioclétien et de ses successeurs ont eu pour but de maintenir aux condamnés le droit de faire appel. Elles punissaient même d'une amende le magistrat qui, ayant rendu une sentence attaquée, refusait de recevoir un appel. Des peines analogues atteignaient ses bureaux, *officium*.

L'appel pouvait être interjeté par le condamné, par ses mandataires ou même par une autre personne. Les délais pour l'appel ont été variables; enfin ils furent fixés à dix jours. De même on détermina le délai dans lequel les pièces devaient être transmises au tribunal supérieur. L'appel pouvait être interjeté de vive voix, ou par un acte adressé au juge qui devait statuer en dernier ressort.

Mais malgré toute cette organisation, les magistrats inférieurs s'opposèrent aux appels autant qu'il était en eux.

Constantin, Julien, Honorius ont tenté de

mettre un peu d'humanité dans le monceau d'abominations de cette procédure odieuse. Ils n'ont réussi à rien. Les témoins et les accusés étaient interrogés en secret; la sentence était de même rendue par le magistrat, en secret et sans motifs. L'imprimerie n'était pas inventée, le despotisme était dans son plus beau développement; il fallait que les puissants fussent inviolables et sacrés. Or, le moyen d'arrêter les plaintes était de se faire craindre; les proconsuls terrifiaient autour d'eux et étaient assurés de n'être pas trahis s'ils couvraient les grands du manteau de l'impunité.

Nous ne saurions trop insister sur ces procédures étranges pour nous, alors et plus tard généralement acceptées, jusqu'aux jours de notre rénovation sociale.

GAULE ROMAINE ET FRANQUE

Les Gaules avaient eu le bonheur de conserver, du moins dans nos pays du nord,
l'ancienne procédure avec le jury et la publicité des débats, parce que cela s'était
accordé avec les mœurs des habitants. Les
lois des barbares modifièrent peut-être la
compétence de tel ou tel tribunal, ce qui
n'est pas démontré, mais elles maintinrent
la procédure usitée. Ainsi, l'accusateur et
l'accusé pouvaient avant toute assignation
transiger sur le crime, et il n'en était plus
question; s'ils plaidaient, chacun venait au
tribunal, composé d'un juge et de jurés ou
pairs, exposer ses moyens d'attaque ou de
défense. Les parents des parties les escor-

taient ; les preuves étaient fournies, la torture était malheureusement en usage, enfin
les avocats plaidaient, puis le magistrat,
après avoir pris l'opinion des pairs ou jurés,
prononçait sur l'affaire.

La loi salique autorisait les parties lésées à
transiger sur les crimes. Les formules de
Marculfe nous ont conservé le texte d'une
pareille transaction intervenue entre le meurtrier et le frère de la victime. L'autorité publique ne se croyait pas le droit de gêner
ces pactes. Il est dit au contraire que l'accord entre le frère du défunt et le coupable
a été fait sur l'intervention du clergé et
d'hommes magnifiques, ce qui s'applique
aux magistrats municipaux.

L'accusateur qui voulait appeler en justice
devait prendre trois témoins et se rendre
avec eux au domicile de l'accusé. — Là il
l'assignait en parlant à sa personne, à celle
de sa femme ou de tout autre membre de la
famille, en dénonçant l'ajournement à comparaître devant le tribunal (*malh, mallum*), à
sept jours de délai. Cette assignation devait

être réitérée deux autres fois, et ce n'est qu'ensuite et après quarante jours que le demandeur pouvait requérir défaut. Si le défendeur n'avait pas d'excuse légitime, il devait se présenter, sous peine d'amende; si l'accusateur défaillait sans excuse, il encourait lui-même la peine de l'amende. Mais l'accusé n'était pas quitte en payant le montant de ce à quoi il avait été condamné pour sa non-comparution; l'accusateur dénonçait au roi le mépris que le prévenu avait fait de la justice de ses pairs. Alors le roi ordonnait de donner trois nouvelles assignations, qui fixaient successivement le jour de la comparution. Si l'accusé ne comparaissait pas au jour déterminé par la dernière sommation, il était mis hors de la protection du roi qui confisquait ses biens; nul ne pouvait donner asile au banni, pas même sa femme, sous peine d'être condamné à une amende. La sentence qui déclarait un individu contumace ne prononçait pas sur son crime; nul absent ne pouvait être condamné.

Si les parties comparaissaient, les lois

barbares les autorisaient à venir à l'audience publique assistées de leurs parents et amis. Les deux plaideurs amenaient avec eux la foule de leurs témoins. De plus ils étaient entourés de toutes leurs connaissances, prêtes à jurer la vérité de l'accusation pour le demandeur, l'innocence de l'accusé pour le défendeur. Pour plus de parité avec l'ancien droit romain, les hommes libres n'étaient jamais soumis à la question. Les seuls esclaves étaient interrogés dans les tourments. Enfin il y avait un débat oral, puis les jurés appelés *Rachimbourgs*, *Scabins*, etc., prononçaient et le seigneur rendait le jugement.

Il est très-difficile de déterminer s'il était permis de procéder à l'arrestation provisoire des prévenus. Certains textes semblent permettre à l'accusateur de procéder à cette arrestation, que d'autres textes postérieurs et plus obscurs semblent avoir aussi autorisée de la part des magistrats. Nous ne savons rien de précis à cet égard.

Remarquons la similitude des procédures

des lois anciennes d'Athènes et de Rome avec celles que nous venons de décrire. Reconnaissons que les lois attribuées aux Germains semblent calquées sur celles de la République romaine et voyons la suite.

Cependant il est certain que les Barbares apportèrent deux nouveaux éléments dans l'instruction des procès criminels, nous voulons parler des duels judiciaires et des ordalies ou épreuves. Quand l'accusateur n'avait pas de témoins ou des moyens analogues d'établir la vérité de son accusation, il offrait le combat à son adversaire. C'était une vieille coutume que le droit féodal admit avec empressement. Si le demandeur ne se croyait pas de force à combattre son adversaire, il lui proposait de se soumettre à une épreuve qui montrerait le jugement de Dieu. Les deux parties étaient plongées tour à tour dans l'eau bouillante, ou devaient saisir dans leurs mains un fer rougi au feu. Parfois l'accusé tentait seul ce moyen de justification qui disparut avec le progrès des lumières; nous nous bornons à le mentionner.

LA FRANCE AVANT L'APPLICATION DES LOIS

DES EMPEREURS ROMAINS

La coutume de nos pays du Nord fut longtemps de ne pas juger un criminel contre lequel personne ne se portait partie. Ainsi il fallait qu'un accusateur formulât une demande pour qu'il fût donné suite à l'affaire. La peine de l'accusateur qui perdait son procès était toujours de souffrir le châtiment auquel il concluait contre le défendeur, de sorte que souvent on hésitait avant de se porter partie civile. Beaumanoir, qui le dernier a parlé de cette procédure d'une manière intelligible, explique en divers lieux que le juge pouvait faire arrêter le prévenu,

que s'il ne l'avait pas arrêté, il pouvait l'a-
journer à comparaître, sous peine d'être
banni. S'il s'agissait d'un roturier, on le
sommait pendant trois quinzaines de comparaître en prévôté, et puis à une assise de
quarante jours au moins. Le gentilhomme
était appelé à trois quinzaines en prévôté, et
puis à trois assises à quarante jours de distance. La condamnation du défaillant ne
pouvait être prononcée qu'après ces somma-
tions et les défauts constatés.

De même si l'accusateur avait assigné le
prévenu, celui-ci devait être ajourné trois
fois et trois fois défaillant avant d'être condamné par défaut. Si le demandeur cessait
ses poursuites, après les avoir commencées,
l'accusé était renvoyé et l'accusateur était
condamné à une amende égale à celle dont
aurait été passible l'accusé convaincu. Enfin,
si les parties faisaient une transaction et ne
comparaissaient pas après les trois défauts,
toutes les deux étaient condamnées, parce
qu'en matière criminelle, on ne pouvait transiger sans le commandement du juge, qui

aurait perdu ses honoraires s'il n'y avait pas eu de jugement.

Lorsque le prévenu était arrêté, c'était par la partie lésée; il pouvait l'être par les sergents du seigneur quand le délit était dénoncé par la rumeur publique. Parfois enfin l'accusé se présentait lui-même et se constituait prisonnier, pour se laver d'une inculpation que la contrée portait contre lui. Le magistrat attendait les preuves et les parties civiles. S'il ne se présentait pas de témoins ou de poursuivant, l'accusé devait être absous. Avant de le relâcher on publiait en prévôté pendant trois quinzaines, en assises pendant trois fois à quarante jours de distance : « Nous tenons tel homme en prison et pour le soupçon de tel cas, si quelqu'un veut se porter demandeur, nous sommes prêts à faire droit. » Après ces appels, si le fait n'était pas notoire, et que nul ne se présentât pour être demandeur, l'accusé était relâché et ne pouvait être repris.

Lorsque la partie civile s'était constituée, le débat se faisait publiquement, sans écritures. Cependant chaque partie était autorisée à remettre des mémoires au magistrat. Le demandeur ne pouvait requérir l'arrestation provisoire du défendeur, sans se mettre lui-même en prison. Souvent cette détention se prolongeait parce que les parties et leurs avocats avaient pleine liberté de plaider les causes, et de faire durer le débat indéfiniment; de sorte que la position d'accusateur n'avait rien de fort agréable. Cependant les Français aimaient leur manière de juger. Ils la perdirent, après avoir longtemps lutté pour la conserver. Mais le droit romain des empereurs dominait tout et partout, les rois en étaient enthousiastes et ils finirent par imposer sa pratique jusqu'où leurs délégués purent atteindre. On vante beaucoup la suppression du duel judiciaire, l'introduction de la procédure secrète compense ce bienfait.

LA SAINTE INQUISITION

ARRIVE EN FRANCE AVEC LE DROIT

CRIMINEL DE L'EMPIRE ROMAIN

La Rome des papes eut une influence con-
sidérable sur notre procédure criminelle. Il
semblerait résulter de certains passages du
décret de Gratien que d'abord les cours ou
tribunaux ecclésiastiques jugèrent publiquement. Déjà pourtant on aurait eu supprimé
une partie des garanties des plaideurs, car on
leur aurait ordonné de plaider eux-mêmes et
de ne pas employer de défenseurs. Mais les
constitutions ou décisions papales qui ont
servi à rédiger ces passages des Décrétales
se référaient nécessairement à des pays où

l'instruction criminelle était publique. Bientôt, en effet, nous voyons apparaître l'inquisition. Le crime de ne pas croire comme l'autorité a été puni de mort depuis les empereurs romains jusqu'aux temps modernes. On comprend cela sous les Tibère et les Néron, grands-pontifes de Jupiter ; on le comprend encore à Rome sous les papes : ne pas avoir la religion du chef de l'Etat était imputé à crime, sous les premiers empereurs, parce que c'était manquer d'égards envers la majesté du souverain. — Dans les pays où le souverain est laïque, les dissidences sur des matières aussi difficiles à exposer ne devraient pas avoir de conséquences si terribles. Cependant le christianisme ne modifia pas les idées reçues. La peine de l'hérésie fut écrite dans les codes : c'est la mort. Mais comme ramener les hérétiques aux sentiments de l'Eglise de Rome, c'était leur ouvrir les portes du ciel, on poursuivit les dissidents avec une ardeur sans pareille. Lors de l'hérésie des Albigeois, la cour de Rome envoya dans le midi de la France une légion de convertisseurs. Ils vinrent armés de la procédure employée par les proconsuls contre les martyrs chrétiens et ne se firent pas faute de la faire fonctionner. Le zèle des inquisiteurs était soutenu par une piété incontestable et par une certaine charité heureusement peu comprise de nos jours. Ils servaient l'Eglise en lui donnant des fidèles, ils étaient utiles aux accusés en les convertissant ; c'est pourquoi ils proclamaient qu'il y avait des hérétiques dans tel ou tel canton et invitaient les âmes pieuses à faire des dénonciations. Ces avertissements, appelés *monitoires*, étaient publiés du haut de la chaire, avec menace d'excommunication contre les gens qui, connaissant les ennemis de l'Eglise, refuseraient de les dénoncer. Or, en même temps que l'excommunié perdait la participation au culte et aux prières communes, il était menacé d'être abandonné de Dieu et accablé par tous les maux imaginables. Les esprits faibles s'effrayaient à la pensée d'être chassés de l'Eglise, et ceux qui auraient résisté à la puissance séculière s'empressaient de dénoncer leurs voisins, leurs amis, leurs parents comme coupables d'hérésie. Tous les petits faits étaient groupés, tous les juréments étaient recueillis, les blasphèmes étaient accumulés et grossis par la peur, des riens prenaient un corps : ce corps était l'hérésie.

Le crime était réputé atroce. Mal croire ou ne pas croire était un délit flagrant; par conséquent le juge ecclésiastique arrêtait les prévenus aussitôt après la dénonciation, et alors se passaient les scènes qu'ont heureusement recueillies les historiens, parce qu'ils en ont pour jamais purgé nos mœurs. Les détenus étaient misérables comme ceux de l'empire romain; ils étaient de même interrogés secrètement, sans aucune confrontation avec les témoins. Ils faisaient, lors de leur première comparution, serment de dire la vérité, puis, s'ils n'étaient pas d'accord avec leurs dénonciateurs, ils étaient soumis à la torture. C'était la loi de l'empire, l'Eglise n'y ajoutait rien, elle l'appliquait. Quels affreux supplices que ces questions judiciaires! L'accusé, sans conseil, comparaissait et était sommé d'avouer ses crimes et de faire connaître ses complices. Les juges, pour ne pas dicter des réponses, n'adressaient que de vagues demandes, autrement ils auraient eu des aveux sans aucune valeur et qui n'auraient pu faire foi. Lorsque l'accusé se trouvait mal, on terminait l'interrogatoire qu'on reprenait le lendemain, puis après le surlendemain, et encore après, de jour en jour, jusqu'à ce que l'imagination du patient, aidée par la bienveillance d'un des assistants, eût déclaré les faits qu'on voulait lui arracher. L'aveu était consigné, les appareils de torture s'arrêtaient, on pansait les blessures et on demandait à la pauvre victime de dire si elle avait été véridique ou non en avouant sa culpabilité. La rétractation était le signal de nouvelles tortures; c'était encore un crime parce qu'elle était l'aveu que le serment prêté au jour du premier interrogatoire avait été violé; la position de celui qui variait était terrible. Après les préliminaires de cette odieuse in-

struction, le tribunal délibérait, l'accusé
était déclaré coupable, livré au bras séculier,
et, suivant les expressions des conciles, il
était exterminé. Les martyrs chrétiens des
premiers temps avaient au moins eu le bonheur de comparaître à l'audience publique !

Les juges royaux trouvèrent que ces formes
étaient commodes. Les murs des prisons et
des palais de justice étouffaient les cris des
accusés ; on pouvait du reste mener la mar-
che d'un procès comme on voulait, lorsque
l'on n'était pas gêné par le public, dont les
entraînements pèsent toujours sur la conscience des juges. Mais on se garda bien de
renverser tout d'un coup l'ancienne pratique.
D'abord on fit deux catégories de crimes ;
c'est ainsi que l'on avait procédé à Rome.
Les délits atroces furent destinés à être jugés *à l'extraordinaire*, c'est-à-dire en secret.
Les autres étaient jugés *à l'ordinaire*. Quand
le magistrat ne poursuivait pas d'office,
c'est-à-dire ne se faisait pas partie au procès,
l'accusé était jugé *à l'ordinaire*, c'est-à-dire
à l'audience publique et avec l'assistance de

ses avocats ; si la poursuite était suivie par le magistrat, le procès était fait *extraordinairement*. Telle est la procédure du quatorzième siècle.

Les gens du roi se liguèrent entre eux contre les juges d'Eglise ; l'inquisition fut bannie de la France, mais elle partit en nous léguant les horreurs de sa procédure criminelle. Louis XII, en 1498, voulut les généraliser, le Parlement résista. François Ier fut moins heureux : sa fameuse ordonnance de 1539 organisa le secret de l'instruction et du jugement. A partir de ce moment, un seul accusé fut défendu par un avocat, c'est le conseiller Anne Dubourg, conseiller du Parlement de Paris. Les magistrats chargés de le juger furent d'ailleurs aussi bons catholiques que les inquisiteurs, ils condamnèrent Anne Dubourg à être brûlé pour crime d'hérésie, et la sentence fut exécutée.

Transportez maintenant toutes les horreurs de l'empire romain et de l'inquisition réunies dans les tribunaux de notre France, et vous aurez un tableau exact de la situation, depuis 1539 jusqu'à la Révolution française.

PROCÉDURE CRIMINELLE

APRÈS L'ORDONNANCE DE FRANÇOIS Ier

Ce système de procédure ne fut plus basé
que sur une idée, la crainte de voir échap-
per un coupable. La défense n'existait pas,
elle ne devait pas être possible. Le magistrat
délégué de l'autorité souveraine avait tous
les pouvoirs pour opérer suivant sa conscience. Lui seul était l'appréciateur des faits
sur lesquels devaient porter les interrogatoires et les témoignages. Il admettait bien
que des mémoires pouvaient lui être présen-
tés ; mais s'il les recevait, rien ne constate
s'il les lisait. Malgré le secret absolu des
procédures, il en transpirait toujours quelque
chose ; c'est sur ces données arrachées à la

vénalité des greffiers ou des magistrats que
les avocats essayaient de construire une ré-
ponse. Rien n'était certain dans les prévi-
sions des défenseurs. Ils bâtissaient leur
échafaudage sur des probabilités, de sorte
que leurs mémoires portaient souvent à côté
du véritable procès. Pendant ces débats, sans
utilité, les interrogatoires étaient continués,
la torture était appliquée, la condamnation
approchait. Ce fut par application de l'ordonnance de 1539 que les malades, dits pos-
sédés du démon ou prévenus du crime de
sorcellerie, furent immolés aux préjugés d'une
époque dont l'histoire ne doit point être ou-
bliée. Ainsi un homme de génie, Bodin, le
précurseur de Montesquieu, fut un des juges
qui sacrifièrent le plus de ces malheureux. Il
sentait l'inanité des accusations, l'insuffi-
sance des preuves; pour conserver la sévé-
rité du magistrat, il fit un livre où il a accu-
mulé toutes les mauvaises raisons que com-
portait sa justification difficile.

Louis XIV fit réviser les lois de la procédure. Son code de 1670 fut un adoucisse-

ment, si l'on peut dire qu'une ordonnance maintenant la torture et le secret pouvait être une amélioration. Le nouveau code criminel régla la manière de torturer les accusés, fixa quand et comment ils seraient appliqués à la question, mais il n'attaqua pas le mal dans sa racine.

Une anomalie s'était glissée dans ce système, ce fut une fissure par où les vices de l'édifice devaient être remarqués. On permettait de défendre les défaillants et de plaider pour eux. Le fait de ne pas comparaître pouvait bien emporter certaines présomptions de culpabilité, mais ce n'était plus comme autrefois un empêchement de juger. — Donc, la sentence devant aboutir à un résultat, il avait été reçu que le contumace aurait la faculté de faire présenter un avocat.

Les ordonnances prohibaient la preuve des faits justificatifs. Le magistrat enquêteur rejetait tout ce qui lui paraissait inutile, les lois ne lui commandaient pas de recevoir les témoignages sur ce qui pouvait innocenter l'accusé. Or, il arriva que dans un procès où

une femme, Mme de La Pivardière, était ac-
cusée d'avoir tué son mari, celui-ci se mon-
tra tout à coup, et demanda à prouver qu'il
n'était pas mort. Le juge refusa de l'entendre, parce que ç'aurait été admettre la preuve
d'un fait justificatif et contrevenir à la loi.
L'avocat de la femme plaida quatorze audiences afin d'établir que montrer l'existence du
prétendu mort, ce n'était pas prouver un fait
justificatif. L'avocat général, plus tard chan-
celier d'Aguesseau, occupait le siége du ministère public. Il parla à son tour et occupa
trois audiences pour établir que nier le crime
et demander à prouver qu'il n'avait pas été
perpétré, ce n'était pas demander à prouver
un fait justificatif. Il faut lire cet admirable
discours, où d'Aguesseau mit toute son âme
et tout son talent, pour comprendre les an-
goisses de ce rigide magistrat, qui se payait
de sophismes, pour violer la loi au profit de
la vérité. Le parlement adopta les conclu-
sions de l'avocat général; M. de la Pivardière
fut reconnu par tout son régiment, sa femme
fut acquittée. Or, cela se passait au commen-

cement du dix-huitième siècle, et depuis le seizième on suivait même au parlement, la pratique que d'Aguesseau venait de renverser.

L'histoire a enregistré les noms des plus illustres victimes de la procédure secrète; elle a laissé dans l'ombre la multitude des suppliciés vulgaires. Aujourd'hui que l'on oublie tous les bienfaits de la révolution, on ne veut plus se rappeler le passé. Il serait pourtant facile de le reconstituer. Par exemple, si nous voulons nous arrêter à Paris, nous n'oserons pas soulever un pavé de crainte de trouver au-dessous le cadavre d'un homme condamné et exécuté. Les justices royales, les justices seigneuriales fonctionnaient, chacune avec ses appareils de supplice pour terrifier les esprits. Les potences étaient rarement veuves de pendus. Ainsi on comptait dans Paris soixante-dix-sept gibets, sans compter celui de Montfaucon, où l'on n'exposait que les vieux cadavres. Soixante-dix-sept potences existaient à Paris le 14 juillet 1789; c'était l'enseignement que la royauté bientôt déchue léguait à la future république.

Les tueries judiciaires avaient ému les philosophes. Montesquieu, Beccaria, Voltaire se jetèrent au travers de ces énormités. Ils sapèrent la pratique barbare usitée de leur temps, demandèrent que les peines fussent proportionnées aux délits, et surtout que les accusés eussent la liberté de se défendre librement. Louis XVI et ses ministres supprimèrent, ou plutôt tentèrent d'abolir la question; ils n'osèrent pas donner la publicité des débats et autoriser les prévenus à se faire assister par un défenseur. Muyart de Vouglans, savant jurisconsulte, publia une prétendue réfutation du livre de Beccaria, les parlements s'associèrent à la défense de l'ancien ordre de choses. La résistance aux améliorations demandées était, comme toujours, basée sur la nécessité de sauver la famille, la propriété et la religion. Toucher un rouage de la machine, c'était pour la réaction ébranler les fondements de l'ordre social. C'est le thème ordinaire des prétendus conservateurs, des prétendus sauveurs de la civilisation; ils ne voient pas que leurs résistances appellent des moyens violents capables de renverser les barrières qu'ils mettent aux progrès.

Les lois de procédure criminelle dont nous avons présenté l'esquisse n'étaient pas toujours assez sévères aux yeux du gouvernement. On en aggrava l'horreur en permettant au roi de nommer des commissions spéciales pour juger certains accusés. Il n'y a pas d'exemple qu'un acquittement ait été prononcé par des commissaires. Richelieu se servait des commissions pour juger ses ennemis. De plus, le roi, maître de la vie et des biens de ses sujets, se croyait parfaitement le droit de faire tuer ceux dont il redoutait l'influence. Henri III crut agir très-légalement en faisant massacrer les Guises.

Enfin, le roi se trouvait très-juste en ordonnant l'arrestation des individus qu'il voulait faire détenir. Il donnait l'ordre d'arrêter, par un mandement appelé lettre de cachet. La détention commençait par un acte non motivé, n'était suivie d'aucun interrogatoire; la liberté venait parce qu'elle venait. Elle n'était pas plus motivée que l'arrestation. On porte à quatre-vingt mille le nombre des personnes détenues au 14 juillet 1789, en vertu de ces lettres de cachet.

Nous oublierons dans cette esquisse les juridictions prévotales; nous avons assez résumé de ces vieux crimes couverts du manteau de la justice! Il est inutile d'y retracer les règles d'une prétendue magistrature qui prenait, jugeait, exécutait sur-le-champ ceux qu'elle soupçonnait.

Tel était le droit que la révolution trouva en vigueur. Les électeurs convoqués pour nommer des députés aux états-généraux avaient été conviés à dresser le cahier des abus dont ils se plaignaient. Ils s'occupèrent sérieusement des lois pénales et de l'instruction criminelle.

On ne donne pas, en général, assez d'attention aux lois de la procédure; pourtant elles intéressent tous les citoyens. En effet, d'injustes soupçons peuvent accuser les gens les plus incapables de se rendre coupables. Or, nous connaissons encore des condamnations injustes, prononcées malgré toutes les précautions prises pour assurer toutes les garanties possibles aux accusés. Il est donc nécessaire et même indispensable de s'attacher à conserver les conquêtes que nous avons faites sur l'ancien régime; pour bien les garder, il ne faut pas s'habituer à mal parler des réformes de 1789.

Nos lois révolutionnaires posèrent en principe que nul ne serait distrait de ses juges naturels. Elles organisèrent la publicité des débats et autorisèrent les prévenus à se faire défendre. Elles rendirent des jurés aux accusés et constituèrent enfin un ordre de procéder qui a varié dans certains détails, mais dont le fond reste acquis aux générations futures.

Cette nouvelle procédure fait partie de l'ensemble connu sous le nom de Principes de 1789. Le résumé des cahiers en fait foi. Voici ce qu'on lit dans celui du tiers-état, p. 158 :

« Il sera avisé aux moyens d'admettre les « jugements par jurés.

« En attendant, MM. les députés deman-
« deront que la procédure soit dès à présent
« rendue publique, et le dénonciateur dé-
« claré *in limine litis.*

« La publicité des procédures criminelles
« établie autrefois en France, et en usage
« dans tous les temps, chez presque toutes
« les nations éclairées, sera rétablie, et l'on
« **fera** désormais l'instruction portes ouvertes
« et l'audience tenante.

« Que dans le code criminel on observe
« que toute la procédure commence, se con-
« tinue et s'achève en public ; qu'un conseil
« soit donné à l'accusé, et qu'on donne
« toutes les facilités aux prévenus pour met-
« tre au jour leur innocence.

« Que les serments, ou plutôt les *parjures*
« qu'on exige des accusés, soient suppri-
« més. »

Il y aurait encore bien des traits à relever
dans les vœux de ces cahiers. Ceux qui pré-

cèdent, reliés à la législation précédente, montrent au moins le progrès accompli; une autre fois, je parlerai de ceux qui restent à faire [1].

1. M. CHASSIN *publie sous le titre de* GÉNIE DE LA RÉVOLUTION, *un ouvrage très-curieux, qui montre les conquêtes de 1789. L'auteur y donne le résumé des cahiers des électeurs.*

Paris. — Typographie et lithographie RENOU ET MAULDE, rue de Rivoli, 144. 46800.